2005 – Ein ganz besonderes Jahr!

2005 ist ein besonderes Jahr: Das Kinderlied „Schnappi" erobert die Charts, eine Frau wird Kanzlerin und „Avatar" wird zum Kinoerfolg.

Eine spannende und amüsante Zeitreise für jede junge Frau, die immer schon mal wissen wollte, welche Trends in ihrem Geburtsjahr begründet wurden und welche bedeutenden Ereignisse es gab.

Ein Ereignis ist dabei ganz besonders hervorzuheben:

Das größte Highlight 2005 ist die Geburt von:

Emilia Hinkel

Liebes Geburtstagskind,

Inhalt

Chinesisches Horoskop

Wer im Jahr 2005 das Licht der Welt erblickte, ist im **chinesischen Tierkreiszeichen des Hahns** geboren.

Das chinesische Sternzeichen Hahn steht für Neugier und ausgeprägte Beobachtungsgabe

Das Charakterbild der Hahn-Frau

Eine Frau, die im chinesischen Sternzeichen Hahn geboren ist, ist lebhaft und neugierig. Sie liebt es, neue Erfahrungen zu machen und Dinge auszuprobieren. Sie ist sehr fleißig, ordentlich und präzise. Zudem ist sie ausgesprochen großzügig und stets hilfsbereit. Humorvoll, klug und offen begegnet sie dem Leben. Wenn sie sich für etwas entschieden hat, geht sie geradlinig und mutig ihren Weg.

Anderen gegenüber ist sie ehrlich und direkt. Wenn sie einmal etwas zugesagt hat, steht sie dazu und man kann sich voll und ganz auf sie verlassen. Die Hahn-Frau erscheint immer elegant und wird aufgrund ihres tollen Auftretens von vielen bewundert. Als Optimistin steht sie gern im Mittelpunkt, wobei sie es auch versteht, sich einfach einmal zurückzunehmen, um das zu tun, was sie sehr gut kann: Beobachten.

Die Hahn-Frau wird stets einen kühlen Kopf bewahren, egal wie verzwickt eine Situation auch sein mag. Dadurch behält sie nicht nur den Überblick, sondern nimmt auch jedem Chaos die Unordnung. Denn sie versteht es wie kein anderes Sternzeichen, klare Strukturen zu schaffen. Dabei verfügt sie über eine nahezu unerschöpfliche Energie.

In beruflichen Angelegenheiten ist das Wesen der Hahn-Frau von Präzision, Gründlichkeit und Vielseitigkeit geprägt. Das Sternzeichen liebt die Herausforderungen im Job, wobei es durchaus etwas kniffliger sein darf. Zahlen, Tabellen und Statistiken sind ihr Steckenpferd, weswegen man eine Hahn-Geborene vielfach in der Buchhaltung, im Steuerbüro oder als Rechnungsprüferin antreffen wird. Weitere Berufe für die Hahn-Frau sind Ärztin oder Psychiaterin. Denn in diesen Branchen kann sie ihre vortreffliche Beobachtungsgabe einsetzen, um den Dingen auf den Grund zu gehen.

Leidenschaftlich und zärtlich wird sie in einer Beziehung aufblühen und treu zu ihrem Partner stehen. Der Partner an ihrer Seite kann sich glücklich schätzen.

Auf den folgenden Seiten sind Trends, Ereignisse und Geschichten angeführt, die das Geburtsjahr 2005 aus Sicht der jungen Frau zu einem besonderen Jahr machen. Viel Spaß beim Schmunzeln und Staunen!

Streitbare Schönheit im Kino

Avatar - Aufbruch nach Pandora - der erfolgreichste Film aller Zeiten - läuft in den Kinos an: Rund vier Jahre von der Erde entfernt liegt Pandora - ein Planet, dessen reichhaltige Unobtanium-Vorkommen die existenziellen Rohstoff-Sorgen der Menschheit im Jahr 2154 auf einen Schlag lösen würden. So bricht eine Gruppe von Wissenschaftlern auf, um mit den Ureinwohnern Pandoras, den hochgewachsenen und in Stämmen organisierten Na'vi, Verhandlungen über die Kolonisation ihrer Heimat aufzunehmen.

Darunter ist der an den Rollstuhl gefesselte Ex-Marine Jake Sully. Anstelle seines verstorbenen Bruders schlüpft nun Jake in die Haut eines Avatars - eines geklonten Na'vi-Körpers, der gleichzeitig als Vehikel und als diplomatisches Instrument dient.

Bei seinem ersten Ausritt in den Dschungel trifft Jake auf die Eingeborene Neytiri (Zoe Saldana), zu der er sofort einen Draht findet. Doch die Zeit drängt: Das Militär unter Führung von Colonel Quaritch (Stephen Lang) scharrt längst mit den Hufen...

Schräge Modephantasien

„Alle Menschen sind schön", behauptet der britische Dior-Designer ***John Galliano*** und illustriert es mit der „verrücktesten Schau der Pariser Prèt-à-porter Woche". Da trippeln knallig kostümierte Zwerge und Prinzessinen über den Laufsteg. Grimmige Muskelprotze und korpulente Mesdames treten auf, feiste Kellner, Gigolos und ein Opa im närrischen Pyjama.

Galliano-Mode auf der Prèt-à-porter Woche in Paris

Das bizarre Panoptikum findet ein dankbar-amüsiertes Publikum, der Meister lässt sich feiern und Paris festigt seinen Ruf als Showplatz schräger Modephantasien.

Frauen stürmen Jodel-Schulen

In der Schweiz, so meldet die alpennahe „Süddeutsche Zeitung", gewinnt das Jodeln immer größeren Zulauf. Brauchtumsfrohe Städter und Ausländer finden die zuweilen verspottete Kehlkunst „richtig cool". Vor allem Frauen, von Natur aus angeblich jodelbegabt, stürmen die Jodelschulen.

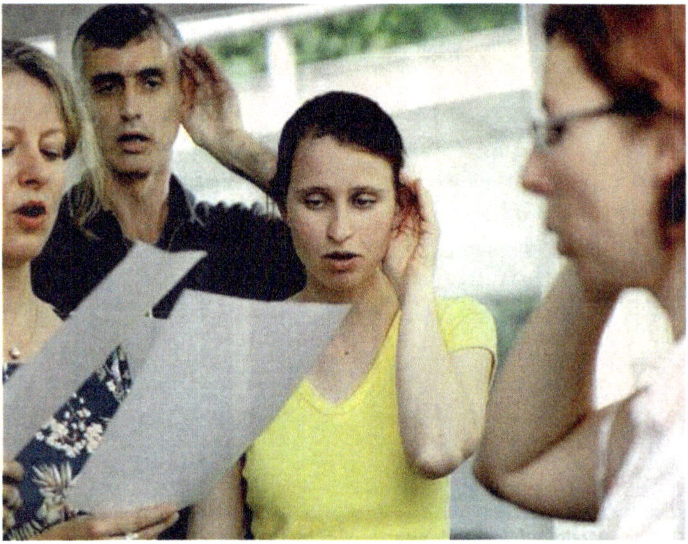

Jodel-Workshop in Zürich.

So manche, die früher nur für Rock und Pop schwärmte, weiß jetzt *„dass wir ja selbst total schöne Volksmusik haben"*. Der Eidgenössische Jodelverband fordert deshalb mehr staatliche Zuschüsse für die Ausbildung moderner Jodel-Sängerinnen.

Schönster Mann der Welt

Das People-Magazin wählt 2005 **Matthew McConaughey** zum ***Sexiest Man Alive.*** Der Sohn eines Tankstellenbetreibers und einer Lehrerin wächst in Texas auf. Er will Anwalt werden, geht jedoch kurz vorm Examen nach Hollywood, um sich als Schauspieler zu versuchen.

Das People-Magazin wählt Matthew McConaughey zum Sexiest Man Alive.

Matthew McConaughey ist fünf Jahre mit Hollywoodstar Sandra Bullock zusammen, die er am Set von „Die Jury" (1996) kennen lernt. Der Film bringt Matthew den beruflichen Durchbruch. Für seine Rolle in „Dallas Buyers Club" wird Matthew McConaughey 2014 als „Bester Hauptdarsteller" mit dem Oscar ausgezeichnet.

Freude im Königshaus

Das spanische Thronfolgerpaar Felipe und Letizia bekommt zum ersten Mal Nachwuchs. Töchterchen *Leonor* rangiert in der Thronfolge auf Rang zwei hinter dem Vater.

Infantin Leonor von Spanien ist die Erstgeborene und der ganze Stolz ihrer Eltern Kronprinz Felipe und Prinzessin Letizia von Spanien.

Sollte Leonor noch einen Bruder bekommen, würde dieser dann König werden. Allerdings soll die Verfassung geändert werden, um die Bevorzugung männlicher Nachkommen zu beenden.

Mobilfunktechnik in Deinem Geburtsjahr

Wer heute einen Blick ins Jahr 2005 zurück wirft, glaubt es kaum: Klapp-Handys mit 2-Megapixel-Kamera, mobiles Internet per UMTS und eine interne Speicherkapazität von 100 Megabyte sind damals absolute Highlights. Das Wort „Smartphone" kennen damals nur Experten, denn das erste iPhone lässt noch zwei Jahre auf sich warten.

Sony Ericsson K750i, T-Mobile MDA Pro & Co.:
Kennst Du noch die Mobiltelefone von damals?

Flatrates gibt es 2005 noch nicht. Damals dominieren Minutenpreise von 20, 50 oder gar 80 Cent die Handy-Rechnung. Nutzer müssen zwischen netzinternen und netzexternen Gesprächen sowie Haupt- und Nebenzeit unterscheiden. Es gibt noch so etwas wie Grundgebühren oder Mindestumsätze.

Central Park in Safrangelb

Es ist vollbracht. 16 Tage lang trägt der *New Yorker Central Park* sein glühend orangefarbenes Schmuckband des Künstlers *Christo.* 7.532 safranfarbene Sonnensegel flattern entlang der Spazierpfade, bilden goldene Baldachine, unter denen Hunderttausende verzückter Besucher entlangschreiten wie bei einer feierlichen Prozession, und verwandeln die winterlich-graue Gartenlandschaft in ein beschwingtes Großkunstwerk.

Die Installation im Central Park. Von der Idee bis zur Umsetzung hat es 26 Jahre gedauert.

Die Frage nach dem Sinn beantwortet der aus Bulgarien stammende Künstler so: „Niemand braucht *„The Gates“.* Sie sind völlig irrational, verantwortungslos, sinnlos, ohne Bedeutung und haben keine andere Existenzberechtigung, außer dass wir sie mögen.

Hunde-Klon und Erfindungen

„Snuppy" ist *der erste geklonte Hund der Welt*. Jetzt kann sich der Vierbeiner mit einem weiteren Titel schmücken: „Die verblüffendste Erfindung 2005". Dazu kürte ihn jetzt das amerikanische Magazin „Time". Weitere Top-Innovationen auf der Liste:

- *Geschmackssprays*, die kalorienreiches Essen nachahmen. Sie enthalten weder Fett noch Kalorien und kommen in 18 Sorten wie Pesto oder Schokoladensauce.
- Mit dem *„Tweel"-Reifen* hat man nie einen Platten. Er besteht aus einem Gummiband, das den Druck auf Dutzende von Polyethan-Speichen verteilt.

Klonhund „Snuppy" (re.) ist eine identische Kopie seines Vaters.

- Das *„Bioimplantat-Gerät"* ist ein internes Pflaster, das nie entfernt werden muss. Es kann beschädigte Nackenwirbel ersetzen.
- Der *„Schlaf-Leser"* weckt einen nur im Leichtschlaf, nie, wenn man in den tiefsten Träumen steckt.
- Die *„Tanz-Roboterin"* ahnt die Bewegungen ihres Gegenübers voraus, sieht wie Marilyn Monroe aus, und trägt einen Rock, unter dem ihre drei Räder verborgen sind.

Disneyland in Hongkong

Der erste Disney-Freizeitpark auf chinesischem Boden wird eröffnet. *Hongkong* ist nach Tokio und Paris der dritte Standort außerhalb der USA. Mit 126 ha Größe und 21 Attraktionen ist es der kleinste der mittlerweile fünf Disney-Themenparks.

Micky Maus begeistert auch die jungen Mädchen in Hongkong.

Vor dem Start gab es allerdings Negativschlagzeilen. So wurde bekannt, dass den beim Aufbau beschäftigten Arbeitern teilweise niedrige Löhne bezahlt wurden. Auch die Restaurants wurden bemängelt.

Frischhaltefolie für den Gletscher

Mit einer außergewöhnlichen Aktion versucht der schweizer Wintersportort *Andermatt*, sein Skigebiet zu bewahren. Um das sommerliche Abschmelzen des Gurschengletschers und damit der Schneeregionen zu verzögern, verhüllen die Eidgenossen einen Teil des Berges mit einer fast fußballfeldgroßen Kunststoffdecke, die Sonnenstrahlen beinahe vollständig reflektiert.

Der Gurschengletscher verpackt unter Folie.

Umweltschützer halten nichts von der 65.000 Euro teuren *„Gletscherfrischhaltefolie"*. Die Verpackung à la Christo sei nichts als ein Ablenkungsmanöver von der Klimakatastrophe.

Galaktisches Finale

Tausende Fans in aller Welt stehen schon Tage vor der Premiere Schlange vor den Kinos, ausgestattet mit Lichtschwertern und Jedi-Kostümen. Der amerikanische Kino-Magier *George Lucas* schickt seine Jedi-Ritter, den düsteren Darth Vader und all die wunderlichen Weltraumkreaturen ins letzte Gefecht um die Macht.

Lucas-Epos „Star Wars: Episode III – Die Rache der Sith".

„Star Wars: Episode III - Die Rache der Sith", der sechste und letzte Teil des galaktischen „Star Wars"-Zyklus, wird weltweit ein gigantischer Erfolg. In den USA spielt der Film an einem Tag 50 Millionen Dollar ein, ein neuer Rekord.

Vintage: Original Baby-Strickanleitung aus 1983

Das Häschen sonnt sich auf der Wiese. Es wird, wie auch die Wolken, nach einem Zählmuster gestrickt. Die Konturen werden nachträglich aufgestickt.

Die original Strickanleitung für Größe 80 cm (10-12 Monate) gibt es hier zum Ausdrucken unter diesem Link bzw. QR-Code:

https://bit.ly/strickanleitung-1983

HABT IHR BEIDEN NOCH SEX?
ICH SCHON.

Was 2005 sonst noch geschah ...

6. Januar:

Die Bevölkerungszahl in der Volksrepublik China übersteigt die Marke von 1,3 Milliarden Menschen.

13. Februar:

Acht Monate nach seinem Tod wird Jazz- und Soulmusiker Ray Charles mit insgesamt acht Grammys ausgezeichnet. Drei Preise gibt es auch für Kanye West.

Drei Grammys gib es in Los Angeles für den Rapper Kanye West.

Was 2005 sonst noch geschah …

6. August:

Beim größten Bankraub in der Geschichte Brasiliens erbeuten mehrere Täter in einer Filiale der Zentralbank umgerechnet 57 Mio. Euro.

23. November:

Ein für alle Mal entfällt die Sperrstunde in englischen und walisischen Pubs. Nie wieder wird ein Wirt um kurz vor 23 Uhr die Glocke zur „Last Order“ läuten.

„Last orders at the bar, please“ wird man ab jetzt in englischen Pubs nicht mehr hören.

Musikpreise vergeben

Nun sind sie vergeben, die Echos 2005. Die von *Oliver Geissen* und *Yvonne Catterfeld* moderierte Gala steht ganz im Zeichen der deutschen Musik. Bei der weltweit zweitgrößten Awardverleihung im Musikgeschäft gehen 13 von insgesamt 24 begehrten Trophäen an nationale Musiker.

Annett Lousian freut sich über ihre Auszeichnung „Beste Künstlerin national".

In der Kategorie „Künstler national" hat sich ***Gentlemen*** den Preis abgeholt, nach dem letzten Jahr bereits der zweite Echo für ihn, international wurde der Award an den nicht anwesenden ***Robbie Williams*** verliehen. Über den Preis als „Beste Künstlerin national" konnte sich ***Annett Lousian*** freuen, international durfte ***Anastacia*** den Award in Empfang nehmen. Diese war mit ihrem Lebensgefährten, dem MTV-Moderator Patrice, zu Gast und verkündete: *„Dieses Jahr war mehr als ein Traum."*

Hamburger mit Nährwertangabe

Das Problem zu dicker, nur an Fastfood gewöhnter Kinder kennt man auch in den USA, wo Kalifornien als 21. Bundesstaat im Herbst den *„Krieg gegen Übergewicht"* erklärt. Gouverneur Arnold Schwarzenegger macht Kalifornien zum „Fitnessstaat" und ergreift ähnliche Maßnahmen wie die Briten: Per Gesetz werden den Schulen strenge Ernährungsrichtlinien vorgegeben; auch hier sollen Verkaufsautomaten künftig nicht mehr mit süßen Limonaden und kalorienreichen Snacks bestückt werden, sondern mit Rohkost, Wasser, Milch und Säften. Leicht durchzusetzen sind die Maßnahmen nicht, denn die US-amerikanischen Fastfoodketten unterhalten oft eigene Filialen auf den Schulhöfen.

Ein Rezept für einen kalorienarmen Beef-Tatar-Burger mit Cheddar und Rucola gibt es hier:

Ab 2006 sollen außerdem die Verpackungen der McDonald's-Erzeugnisse *leicht verständliche Nährwertangaben* enthalten. Die Kette fürchtet mögliche Schadenersatzklagen von Übergewichtigen, die ins Feld führen könnten, sie seien vom Anbieter nicht ausreichend informiert worden.

SCHATZ, DU HATTEST EINEN ALBTRAUM.
KALORIEN! DA WAREN ÜBERALL KALORIEN!

Wir sind Papst

Kardinal *Joseph Ratzinger* wird zum 265. Oberhaupt der römisch-katholischen Kirche bestimmt. Der erste deutsche Papst seit 1523 gibt sich den Namen *Benedikt XVI.*

„Wir sind Papst" – Diese Schlagzeile macht Geschichte: Nach etwa 480 Jahren stellt Deutschland im Jahr 2005 wieder einen Pontifex.

Die Wahl: Die Entscheidung fällt bereits nach 26 Stunden im vierten Wahlgang. Erst am Vortag waren 115 Kardinäle in feierlicher Prozession in die Sixtinische Kapelle eingezogen. Der 78-jährige Ratzinger, der als Dekan des Kardinalskollegiums auch die Wahl zu leiten hatte, galt als einer der Favoriten.

Tier des Jahres

Die *Zauneidechse* ist das Tier des Jahres. Sie ist ein anspruchsloses, harmloses Tierchen. Ein Platz an der Sonne, ein gutes Versteck, ein ruhiges Winterdomizil: das ist alles, was es braucht. Das findet sie oft dort, wo Wald sanft in Wiese übergeht, an vergessenenen ungenutzten Ecken wie Gruben, Bahndämmen und Trockenwiesen.

Tier des Jahres: Zauneidechse

Doch in einem Land, wo jeder Quadratzentimeter genutzt ist, die Waldränder wie mit dem Lineal gezogen sind und der letzte Bissen Gras gemäht wird, hat die Zauneidechse als Grenzgängerin zwischen verschiedenen Lebensräumen zunehmend keine Chancen mehr.

Die Schönste aller Schönen

Die 23-jährige *Natalie Glebova* aus Kanada ist zur schönsten Frau der Welt gekürt worden. Die gebürtige Russin gewinnt in Bangkok den Titel der *„Miss Universum 2005“* und setzt sich damit gegen 80 andere Schönheiten aus aller Welt durch. Deutschlands Bewerberin, die türkischstämmige *Asli Bayram* (23) aus Köln, hatte es nicht in die Runde der letzten 15 Teilnehmerinnen geschafft.

Miss Universe 2005: Die 23-jährige Kanadierin Natalie Glebova nach ihrer Krönung.

Vorjahressiegerin Jennifer Hawkins aus Australien setzt der brünetten, blauäugigen *Glebova* unter dem Beifall von mehr als 7.000 Zuschauern in Thailands Hauptstadt die Diamantenkrone auf. Nach ihrem Sieg lobt die neue Miss Universum die offene Einwanderungspolitik ihrer neuen Heimat Kanada, wohin ihre Familie vor zwölf Jahren gezogen war. *„Das verhilft den Menschen zu einem neuen Leben“*, sagte die 1,79 Meter große Schönheit.

Ein Märchenkönig feiert Geburtstag

Die Welt der Poesie feiert ihren Märchenkönig - den 200. Geburtstag von ***Hans Christian Andersen.*** Andersen schrieb insgesamt 168 Märchen, autobiografische Texte, Novellen, Dramen, Gedichte und Reiseberichte. Seine bekanntesten Märchen sind:

- *Die Schneekönigin*
- *Des Kaisers neue Kleider*
- *Däumelinchen*
- *Das Feuerzeug*
- *Die kleine Meerjungfrau*
- *Das hässliche Entlein*
- *Die Prinzessin auf der Erbse*

Die Hans-Christian-Andersen-Statue in New York wurde 1956 zum Gedenken an den 150. Geburtstag des Autors errichtet. Diese große Bronzestatue stellt Andersen dar, der auf einer Granitbank sitzt und aus seinem Buch „Das hässliche Entlein " liest .

Vintage: 1973er Rezepte zum Download

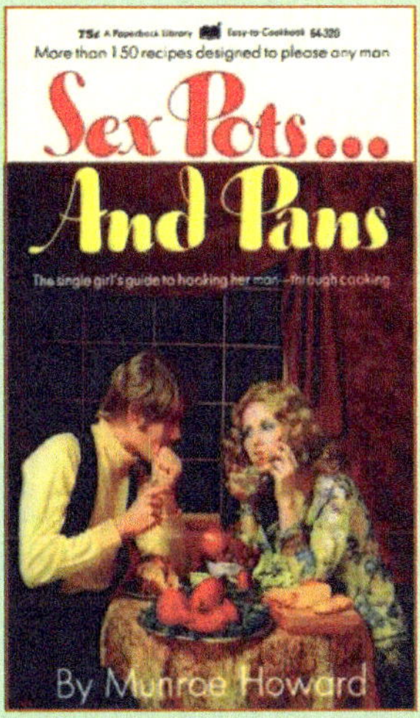

Der Untertitel dieses US-Kochbuches aus dem Jahr 1973 lautet auf Deutsch in etwa:

„Eine Anleitung, wie Sie als Single-Mädchen mit Kochen den Mann an den Haken bekommen“

10 leckere Rezepte aus dem Jahr 1973 sind hier mittels QR-Code oder Link zum Downloaden:

https://bit.ly/1973er-rezepte

Literatur Bestseller

Im Auftrag des SPIEGEL ermittelt das Fachmagazin „buchreport" jährlich die Jahresbestseller. Im Jahr 2005 hat Joane K. Rowlings *„Harry Potter und der Halbblutprinz"* die Nase vorn.

Belletristik

1 **Joanne K. Rowling** Harry Potter und der Halbblutprinz
Carlsen; 22,50 Euro

Der Zauberlehrling ist seiner Kindheit entwachsen – die Gewalt im Kampf gegen das Böse eskaliert

2 **Dan Brown** Sakrileg
Lübbe; 19,90 Euro

3 **Joanne K. Rowling** Harry Potter and the Half-Blood Prince
Bloomsbury; 26,30 Euro (unverbindl. Preisempfehlung)

4 **Dan Brown** Diabolus
Lübbe; 19,90 Euro

5 **François Lelord** Hectors Reise
Piper; 16,90 Euro

6 **Frank Schätzing** Der Schwarm
Kiepenheuer & Witsch; 24,90 Euro

7 **Daniel Kehlmann** Die Vermessung der Welt Rowohlt; 19,90 Euro

8 **Cecelia Ahern** Für immer vielleicht W. Krüger; 16,90 Euro

9 **Donna Leon** Beweise, daß es böse ist Diogenes; 19,90 Euro

10 **Santo Cilauro / Tom Gleisner / Rob Sitch** Molwanîen
Heyne; 14,90 Euro

Jahresbestsellerliste 2005 aus dem Nachrichtenmagazin „Der Spiegel":

Auf Platz eins liegt: „Harry Potter und der Halbblutprinz".

Perspektivwechsel

Die *Bundesgartenschau 2005 in München* steht unter dem Motto „Perspekivwechsel“. Es geht um den Versuch, die Natur aus neuen Blickwinkeln zu betrachten.

So kann sich der Besucher wie ein Maulwurf in den Untergrund wühlen, die Welt in einem Nest aus der Vogelpersketive anschauen oder sich auf verschlungenen Mäusepfaden durch ein Labyrinth aus meterhohem Bambus fortbewegen.

Wer hat das beste Gedächtnis? Riesen-Memoryspiel auf der Münchner Bundesgartenschau.

Das 130 ha große Gelände des stillgelegten Flughafens Riem haben Gärtner mit 2 Millionen Blumenzwiebeln und 30.000 Bäumen bepflanzt.

Alte weitgereiste Lady

Im Zoo von Brisbane, Australien feiert eine rüstige, steinalte Dame einen hohen Geburtstag. Die Schildkröte **Harriet** wirde 175. *„Sie erfreut sich bester Gesundheit und wird bestimmt 200"*, so hofft Pfleger Richard Jackson, der Harriet zum Ehrentag eine Extraportion ihrer Leibspeise Hibiskusblüten serviert.

Die Jublilarin Harriet feiert ihren 175. Geburtstag.

Der Evolutionsforscher Charles Darvin hatte die Riesenschildkröte 1835 auf den Galapagos-Inseln gefangen und nach England verfrachtet. Weil Harriet mit dem regnerischen, kalten britischen Klima aber gar nicht glücklich war, wurde sie nach Australien gebracht. Dort ist die weitgereiste Lady eine umschwärmte Zoo-Attraktion.

Ein Affe kehrt zurück

Im Dezember läuft in den Kinos *„King Kong"* an. Für Universal Pictures hat der neuseeländische „Herr der Ringe"-Regisseur Peter Jackson ein drei Stunden langes Remake des klassischen Monster-Films „King Kong und die weiße Frau" aus dem Jahr 1933 gedreht.

Naomi Watts wird von King Kong beschützt.

In King Kong steckt der Schauspieler *Andy Serkis*, der bereits die Figur des Gollum in der „Ringe-Trilogie" mit Mimik und Gestik unterstützt hatte. Er wurde in einen Gorilla-Anzug gesteckt und jede seiner Bewegungen wurde von Sensoren erfasst und auf den im Computer erzeugten Monsteraffen übertragen.

Mit Produktionskosten von 207 Millionen Dollar zählt der mit vielen Spezialeffekten ausgestattete Film zu den bislang teuersten Produktionen.

Sportler des Jahres

Die Wahl der „Sportler des Jahres“ steht 2005 im Zeichen des Wintersports. Knapp zwei Monate vor den Olympischen Winterspielen in Turin fällt die Wahl der rund 1.300 Sportjournalisten auf die Biathetin ***Uschi Disl*** und den Nordischen Kombinierer ***Ronny Ackermann.***

Strahlende Sportler des Jahres: Uschi Disl und Ronny Ackermann

Die beiden Doppelweltmeister der Titelkämpfe in Hochfilzen und Oberstdorf setzen sich bei der 59. Wahl der Internationalen Sportkorrespondenz ebenso durch, wie die bei der EM in Belgrad mit Silber behängten deutschen Basketballer als Mannschaft des Jahres.

Urlaubsziele in Übersee

„Es wird ein absolutes Amerika-Jahr“, sagen die Reiseveranstalter. Engpässe könnte es jedoch bei den Flügen und Wohnmobilflotten geben.

Dass es mit den Flugtickets eng werden könnte, sei auch zum Beispiel für Kenia, Mauritius, Südafrika, Namibia, Jamaika und die Dominikanische Republik denkbar, sagt TUI-Sprecherin Anja Braun. All diese Ziele seien derzeit besser gebucht als Anfang Januar vor einem Jahr. Denn die Kunden hätten 2004 gemerkt, *„dass sie sich nicht mehr auf eine große Auswahl von Last-Minute-Schnäppchen verlassen können.“*

Vermutlich nicht nur wegen dieses Mammutbaums sind die USA nach wie vor ein sehr beliebtes Reiseziel der Deutschen.

Sexiest Woman Alive

Sexiest Woman Alive ist eine Auszeichnung, die jährlich vom US-amerikanischen Magazin *Esquire* verliehen wird. Im Gegensatz zur Auszeichnung *Sexiest Man Alive* der Illustrierten *People Magazine*, die bereits auf eine knapp dreißigjährige Geschichte zurückblicken kann, wird dieser Titel erst seit 2004 verliehen.

2005 wird Jesscia Biel zur „Sexisst Woman Alive" gekürt und ziert das Cover der US-Zeitschrift Esquire.

In einer Ausgabe im letzten Quartal des Jahres kürt die Redaktion der Zeitschrift Esquire die „Frau mit dem größten Sexappeal".

Schnellste Frau auf einem Boot

Die britische Einhandseglerin *Ellen MacArthur* schafft einen neuen Weltrekord: Mit ihrem 23 m langen Trimaran legt die 28-Jährige in 71 Tagen und 14 Stunden die mehr als 43.000 km um die Welt zurück.

Ellen MacArthur auf ihrem in Australien gebauten Hightech-Segelboot. Das Dreirumpfboot macht Geschwindigkeiten von über 56 km/h möglich.

Sie braucht für die Strecke einen Tag weniger als der Franzose Francis Joyon im Jahr 2004. Kap Hoorn erreicht sie fünf Tage früher als gedacht, doch zuletzt drohte dem Rekordversuch wegen einer Flaute rund um die Azoren das Aus.

Neunjährige erobert die Charts

Die erst neunjährige ***Joy*** überholt mit ihrem Lied ***„Schnappi - das kleine Krokodil"*** *Kylie Minogue* und *Robbie Williams* in den Hitparaden. Das Kinderlied, das alle Regeln des Musikgeschäfts auf den Kopf stellt, wurde 2001 von der Komponistin Iris Gruttmann mit ihrer damals fünfjährigen Nichte Joy produziert.

„Schnappi – das kleine Krokodil" setzt sich an die Spitze der deutschen Single-Charts.

Das über 34 Millionen Mal geklickte Youtube-Video des Songs gibt es hier zum Ansehen:

https://bit.ly/schnappi-2005

Vintage: 80er Jahre Rucksack zum Nachnähen

Die Näh-anleitung für einen Rucksack aus den frühen 80ern zum Selbernähen gibt es unten.

Hier der QR-Code und Link zur Nähanleitung des 1980er Rucksacks zum Download.

https://bit.ly/rucksack-80er

Drama um Boxerin räumt ab

Der Regisseur und Schauspieler ***Clint Eastwood*** steht bei der 77. Vergabe der wichtigsten Filmpreise der USA im Mittelpunkt. Für sein melancholisches Boxer-Drama ***„Million Dollar Baby“*** nimmt der Altmeister den Preis für den besten Film und den Regie-Oscar entgegen.

Clint Eastwood als Boxtrainer und Hilary Swank als ehrgeizige Boxerin.

Hilary Swank und *Morgan Freeman* werden als beste Hauptdarstellerin und bester Nebendarsteller ausgezeichnet. Clint Eastwood ist mit 74 Jahren der älteste Regisseur, der je einen Oscar gewinnt.

Die beliebtesten Berufe

Folgende Berufsausbildungen sind 2005 in Deutschland am beliebtesten:

Mädchen:

1. **Arzthelferin**
2. Zahnmedizinische Fachangestellte
3. Bürokauffrau
4. Friseurin
5. Industriekauffrau
6. Bankkauffrau

Jungen:

1. **Kraftfahrzeugmechatroniker**
2. Industriemechaniker
3. Anlagenmechaniker für Sanitär-, Heizungs- und Klimatechnik
4. Maler und Lackierer
5. Industriekaufmann
6. Tischler

Arzthelferin und Kfz-Mechatroniker sind beliebt.

Menschliche Roboter präsentiert

Im Beisein des japanischen Kaisers *Akihito* wird in der Präfektur Aichi die ***Weltausstellung*** 2005 eröffnet. Aussteller aus 121 Nationen zeigen unter dem Motto ***„Weisheit der Natur"*** Konzepte für eine künftige Lebensgestaltung.

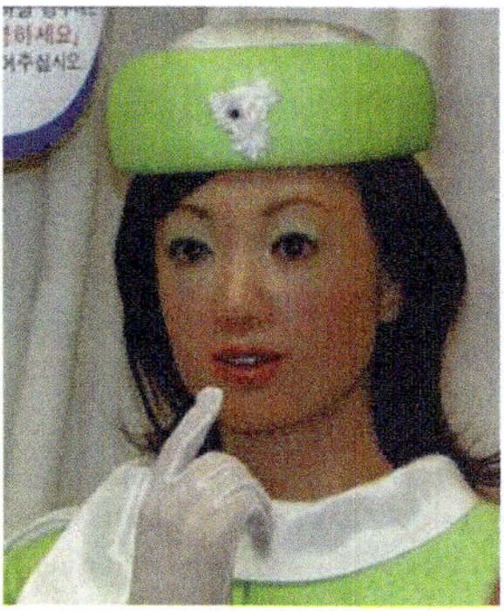

(oben) Die Empfangsdame soll den Besuchern der Expo einfache Fragen beantworten können.

(re.) Toyotas Roboter „i-foot" ist für den Transport von Gehbehinderten gedacht.

Außer Umwelttechnologien bilden Roboter einen Schwerpunkt. Führende Automobilhersteller präsentieren Maschinenwesen in Menschengestalt, die hilfreiche Dienste leisten sollen.

Studieren gegen Gebühr

Das Bundesverfassungsgericht in Karlsruhe macht den Weg für die Einführung von ***Studiengebühren*** frei, mahnt aber eine sozialverträgliche Gestaltung ein. Nun dürfen die Länder nach eigenem Ermessen Gebühren erheben.

Am 27. Januar protestieren 1.500 Studierende gegen die Studiengebühren.

Im Gespräch ist ein Beitrag von 500 Euro pro Semester. Dazu werden Kreditmodelle geplant. In den meisten SPD-geführten Bundesländern soll das Erststudium gebührenfrei bleiben.

Erstmals eine Frau an der Spitze

Der Deutsche Bundestag wählt die CDU-Vorsitzende ***Angela Merkel*** zur Bundeskanzlerin. Erstmals wird eine Frau und eine Persönlichkeit aus Ostdeutschland mit dem wichtigsten politischen Amt betraut.

Bundeskanzlerin Angela Merkel bei der Vereidigung im Deutschen Bundestag (r. Norbert Lammert, Präsident der Bundestags).

Am Nachmittag werden Merkel und die 15 neuen Minister vor dem Bundestag vereidigt. Anders als ihr Vorgänger Gerhard Schröder spricht Merkel dabei die Worte: *„So wahr mir Gott helfe“.*

Eine Palme für zwei Brüder

Für *„Lefant"* (Das Kind) erhalten *Jean-Pierre* und *Luc Dardenne* die Goldene Palme von Cannes. In ihrem filmischen Sozialdrama erzählen die belgischen Brüder von dem Obdachlosen Bruno, der erst seinen neugeborenen Sohn verkauft, dann aber zu begreifen beginnt, dass Menschen auf andere Weise Fürsorge verdienen als Sachen.

Luc (l.) und Jean-Pierre Dardenne bei den Filmfestspielen in Cannes.

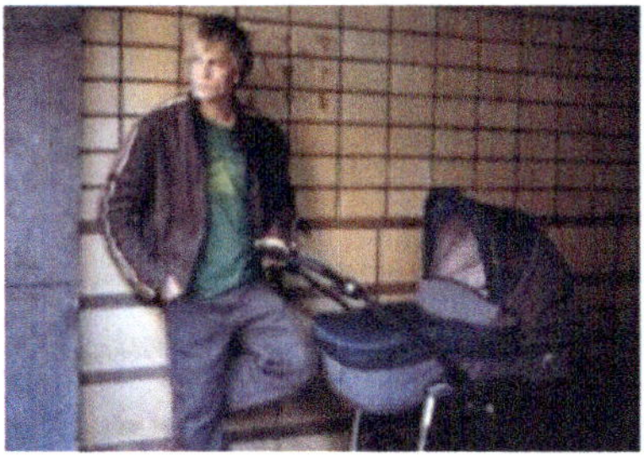

Im vielfach prämierten Drama „Das Kind" trifft ein junger Vater eine unvorstellbare Entscheidung, die zu einer Kette von dramatischen Ereignissen führt.

ICH HABE PETER BEIM HOLZHACKEN GEHOLFEN, DAMIT ER MIR DEN BEAMER LEIHT ... UND DU KOMMST MIT „VOM WINDE VERWEHT"?!
GUTE FILME BRAUCHEN KEINE FARBEN.

Gegensätze ziehen sich an

...und ergänzen sich bekanntlich prima. Diese Formel gilt auch für den **Wohnbereich** im Jahr 2005. Coole Materialien wie Aluminium oder Kunststoff lassen sich sehr schön mit modernem Design aus natürlichen Materialien wie Holz, Seide oder Naturgeflecht kombinieren und gehen mit ihnen eine interessante Symbiose ein.

(li.) Der Barhocker „Miura" ist aus verstärktem Polyethylen (2,5-mal stärker als Aluminium) gefertigt und zeichnet sich durch seine dynamische Form aus. Der mit einer innovativen Spritzguss-Technologie hergestellte Hocker ist sogar stapelbar. (re.) Rundum gut: Das Regal „Disko" besteht aus einem Stecksystem. In verschiedenen Größen erhältlich, bieten die unterschiedlich großen Fächer Platz für Bücher und CD's.

Avocado-Rezepte zum Download

Während es in den USA schon seit den 1970er Jahren Avocado-Kochbücher gibt, sind diese in Deutschland erst Anfang der 1980er Jahre erhältlich

Neun leckere Avocado Rezepte aus den frühen 80er Jahren gibt es hier mittels QR-Code oder Link zum Download:

https://bit.ly/neun-avocado-rezepte

Griechin ist „My Numer One“

Den *50. Eurovison Contest* gewinnt Griechenland. Den Siegertitel *„My Numer One“* trägt in Kiew *Helena Paparizou* vor. Die 23-Jährige überzeugt mit ihrem orientalisch angehauchten Song und ihrem perfektem Auftritt die mehr als 100 Millionen Fernsehzuschauer in ganz Europa. Die Deutsche *Gracia* wird mit *„Run & Hide“* Letzte.

Stolz und glücklich präsentiert Helena Paparizu in Kiew ihre Trophäen.

Den fast 5 Mio. Mal geklickten Song vom Event gibt's auf Youtube unter folgendem QR-Code bzw. Link:

https://bit.ly/songcontest-2005

Deutschlands Superstar 2005

Er ist der erste Rocker, der *„Deutschland sucht den Superstar“* gewinnt: Mit *„I still burn“* singt sich *Tobias Regner* in der 2005er Staffel in die Herzen der Zuschauer. Mit knapp 55 Prozent der Zuschauerstimmen setzt er sich gegen Konkurrent *Mike Leon Grosch* durch.

Freude pur! Tobias Regner holt sich die DSDS-Krone.

Sein Hit wird mit Platin geehrt, sein Album erreicht Gold-Status. Nach dem Gewinn der Show folgt der Medienrummel. Ein Erfolg auf ganzer Linie!

Urlaubsziel Kloster

Eine wachsende Nachfrage nach Gastaufenthalten in einem Kloster verzeichnen die christlichen Kirchen. Besonders zur Weihnachtszeit und in der Karwoche wächst bei den Menschen das Bedürfnis nach Stille, innerer Einkehr und spiritueller Erfahrung.

Für Urlaube im Kloster gibt es sogar Reiseführer.

Von den rund 3.000 katholischen Klöstern in Deutschland nehmen etwa 260 Gäste auf. Hinzu kommen etwa 40 evangelische Einkehrhäuser und „Häuser der Stille". Die Kosten für die Unterbringung sind sehr unterschiedlich. Von der Spende bis zur Mitarbeit in Küche oder Garten ist alles möglich.

SIE IST BEI BEWUSSTSEIN, ABER SIE WILL NICHT SAGEN WIE ALT SIE IST.

Spiel des Jahres

Niagara lässt sich aus der Sprache der Ureinwohner übersetzen als „donnerndes Wasser". Somit ist der Name beim *Brettspiel Niagara* auch Programm: Reißende Strömung, winzige Kanus, schnell wechselnde Witterungsbedingungen und ein himmelhoher Wasserfall, der den einen oder anderen mutigen Schatzsucher hinabreißt.

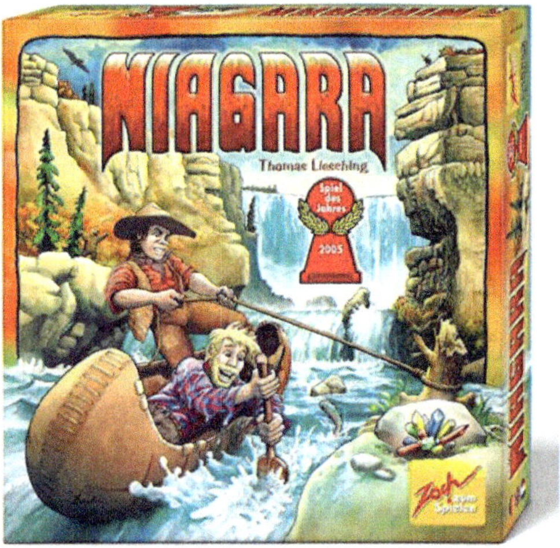

Niagara wird 2005 zum Spiel des Jahres gewählt.

Wäre das nicht schon genug, so treiben auf dem Fluss auch noch Räuber ihr Unwesen und bringen die fündig gewordenen Schatzsucher um ihren verdienten Lohn. Das alles und noch mehr steckt im Brettspiel *„Niagara"* von Thomas Liesching, das 2005 zum Spiel des Jahres gekürt wird.

Charles und Camilla sind vereint

Der britische Thronfolger ***Prinz Charles*** und seine langjährige Partnerin ***Camilla Parker Bowles*** geben sich das Jawort. Zu den 800 Hochzeitsgästen gehören nur wenige Vertreter anderer europäischer Königshäuser, dafür Premierminister *Tony Blair* und seine Frau sowie Prominente und Freunde des Paares.

Königin Elisabeth II. hat eine neue Schwiegertochter, Camilla, die mit ihrem frisch angetrauten Mann Charles St. George`s Chapel verlässt.

Vorschriftsgemäß müssen die beiden in der kirchlichen Zeremonie um Vergebung für die Schuld an ihren gescheiterten Ehen bitten.

Tierische Versteigerung

Ob Affen nun eine künstlerische Ader haben oder nicht - mit den Malkünsten von Schimpansen lässt sich eine Menge Geld verdienen. Drei Gemälde des Schimpansen **„Congo"** werden im Juni in London für rund 14.000 Pfund versteigert - mehr als die Werke von *Renoir* und *Warhol* erzielen.

(li.) Congo – ein begnadeter Künstler. (re.) Ein echter Congo: 14.000 Pfund für drei Gemälde aus Affenhand

Das Londoner Auktionshaus Bonhams hat die Bilder von „Congo", der schon 1964 gestorben ist, neben Werken von Pop-Art-Guru Andy Warhol und dem Impressionisten Auguste Renoir feilgeboten.

Die Warhols und Renoirs werden verschmäht, für die Congos bieten die Händler zehn Mal mehr als erwartet. Den Zuschlag erhält der Amerikaner Howard Hong, der sich als begeisterten Sammler moderner und zeitgenössischer Kunst beschrieb.

Riesenkalmar gesichtet

Ein *Riesenkalmar* wurde bislang zwar nur selten gesichtet - die ersten Lebendaufnahmen gehen im Jahr 2005 um die Welt -, doch scheint er in allen Weltmeeren zu Hause zu sein. Wie alle seine Verwandten ist er ein Fleischfresser, hält sich zumeist in einigen hundert Metern Tiefe auf und kann bis zu 13 Meter lang werden.

Die Aufnahmen eines japanischen Forscherteams sorgen 2005 für eine Sensation.

Zwei japanischen Wissenschaftlern gelingt es erstmals, die sagenhaften Tintenfische zu fotografieren. Sie lassen einen Köder samt Kamera in 900 m Tiefe hinab. Ein acht Meter großer Kalmar greift tatsächlich nach den Shrimps und verhakt sich in der Falle. Vier Stunden sitzt er fest, bevor er sich befreien kann.

Vintage: 1980er Mütze und Handschuhe zum Selberstricken

Selbstgestricktes liegt auch Anfang der 80er im Trend. Die Anleitung für diese Mütze und Handschuhe zum Selberstricken gibt es unten.

Hier der QR-Code und Link für die Strickanleitung aus zum Download.

https://bit.ly/80er-strickanleitung

Kochshows sind TV-Renner

Talkmaster *Johannes B. Kerner* steigt auf die Kochwelle im deutschen Fernsehen ein. Nahezu alle deutschen TV-Sender bieten mittlerweile Kochformate an - mit unterschiedlichen Ausrichtungen von regionalen Spezialitäten über exklusive Menüfolgen bis zu Gerichten nach dem Motto „einfach, schnell und lecker".

Freitags wird bei Johannes B. Kerner nicht mehr getalkt, sondern gekocht.

Mit *TV Gusto* und dem für Herbst 2005 angekündigten *Genießen TV* gibt es sogar Spartenkanäle fürs Essen und Genießen. Zu den erfolgreichsten deutschen TV-Köchen gehören Tim Mälzer, Johann Lafer und Ralf Zacherl.

Bahntickets bei Lidl

Die Deutsche Bahn AG bietet exklusiv in den Lidl-Filialen günstige Fahrscheine an. Die beim Diskonter feil gebotenen Fahrscheinhefte enthalten zwei Tickets für zusammen 49,90 Euro und gelten bis zum 3. Oktober für eine beliebig lange Strecke innerhalb des deutschen Bahnnetzes.

Eine Lidl-Filiale in Hamburg: Eintragen in Vormerklisten, da die Tickets schon ausverkauft sind.

Der Ansturm ist so groß, dass die meisten der rund 2.600 Lidl-Filialen bis zum Mittag alle Fahrscheine verkauft haben, insgesamt sind es 1 Million.

Hits des Jahres 2005

Die Musikszene bringt 2005 ein paar Songs, die auch heute noch in aller Ohren sind. Insbesondere ***„Durch den Monsun"*** von *Tokio Hotel* wird innert kürzester Zeit zu einem Superhit.

Deutsche Jahrescharts 2005

1. *Schnappi von* Schnappi, das kleine Krokodil
2. *Lonely* von Akon
3. *Femme Like You* von K´Maro
4. *You`re Beautiful* von James Blunt
5. *Durch den Monsun* von Tokio Hotel
6. *La camisa negra* von Juanes
7. *Und wenn ein Lied* von Söhne Mannheims
8. *Don`t Cha* von Pussycat
9. *First Day Of My Life* von Melanie C.
10. *Candy Shop* von 50 Cent feat. Olivia

Den Link bzw. QR-Code zu einem 7-minütigen Medley der deutschen Jahrescharts auf Youtube gibt es hier:

https://bit.ly/songs-2005

Freier Eintritt für Nackte

Wer nackt oder in Badebekleidung erscheint, erhält freien Eintritt zur Ausstellung *„Die nackte Wahrheit"* im Wiener Leopold Museum.

Unbekleidet und gratis in der Ausstellung „Die nackte Wahrheit".

Die Schau beschäftigt sich anhand von 180 Werken von Gustav Klimt, Egon Schiele und Oskar Kokoschka mit Kunstskandalen im Wien an der Wende zum 20. Jahrhundert. Alle drei Künstler hatten mit unverblümten Nacktdarstellungen ihre Zeitgenossen schockiert. Das gilt auch für das Gemälde *„Nuda Veritas"* von Klimt, das der Ausstellung den Namen gibt.

Die beliebtesten Vornamen

Folgende Vornamen sind im Jahr 2005 am beliebtesten:

Mädchen:

1. Leonie
2. Hannah
3. Anna
4. Lea
5. Lena
6. Laura
7. Emily
8. Lara
9. Sophie
10. Marie

Jungen:

1. Lukas
2. Leon
3. Luca
4. Finn
5. Niklas
6. Jonas
7. Tim
8. Louis
9. Jan
10. Paul

Wörter des Jahres 2005

1. Bundeskanzlerin
2. Wir sind Papst
3. Tsunami
4. Heuschrecken
5. Gammelfleisch
6. Jamaika-Koalition
7. hoyzern
8. suboptimal
9. Telenovela
10. FC Deutschland 06

Prominente Geburtstagskinder

Folgende prominente ErdenbürgerInnen erblicken 2005 das Licht der Welt:

25. Februar: **Noah Jupe**
brit. Kinderdarsteller

29. April: **Shahadi Wright-Joseph**, US-Schauspielerin

25. Juli: **Pierce Gagnon**
US-Schauspieler

26. Juli: **ByPaulix**
deutscher YouTuber

07. Oktober:
Lulu Wilson
US-Schauspielerin

31. Oktober:
Leonor von Spanien
Spanische Infantin

10. Dezember:
Kyliegh Curran
US-Schauspielerin

27. Dezember:
Kristina Pimenowa
Fotomodell

Crèpes-Nachtisch-Rezepte aus 1983

Kochbücher mit Crepes-Rezepten gibt es schon in den 1980er Jahren.

Hier der Link bzw. QR-Code zu 17 original Crepes-Nachtisch-Rezepten aus den 1980er Jahren

https://bit.ly/crepes-1983

2005 als Kreuzworträtsel

1. Erfolgreichster Kinofilm; 2. Vorname „Schönster Mann"; 3. Chin. Stadt mit Disneyland; 4. Bürgerlicher Name Papst Benedikt; 5. Nachname berühmter Märchen-Autor; 6. Riesige Kinofigur; 7. Nachname „Sexiest Woman Alive"; 8. Kindersong in den Charts; 9. Beliebter Mädchenberuf; 10. Nachname deutscher Kanzlerin; 11. Spiel des Jahres; 12. Name Künstler-Affe; 13. Beliebtester Mädchen-Vorname; 14. Name geklonter Hund; 15. Chin. Sternzeichen

Lösung Kreuzworträtsel

1. Avatar; 2. Matthew; 3. HongKong; 4. Ratzinger; 5. Andersen; 6. KingKong; 7. Biel; 8. Schnappi; 9. Arzthelferin; 10. Merkel; 11: Niagara; 12. Congo; 13. Leonie; 14. Snuppy; 15. Hahn

Bildverzeichnis und Links

alamy; bigstock; canto; gettyimages; okapia; pixxio; pixabay; shutterstock; stokpic. Trotz größter Sorgfalt konnten die Urheber nicht in allen Fällen ermittelt werden. Es wird gegebenenfalls um Mitteilung gebeten.

Wir bitten um Verständnis, dass wir keinen Einfluss darauf haben, wie lange die externen Links (z.B. Youtube-Videos) abrufbar sind. Es besteht keinerlei wirtschaftliche oder sonstige Verbindung zu eventuell eingespielter Werbung vor den Videos. Cartoons: Nadja Kühnlieb

Impressum

Autorin: Nadja Kühnlieb

www.verlagmensch.com / info@verlagmensch.com
Dr. Roman Feßler LL.M.
6900 Bregenz - Österreich, Bregenzer Straße 64
Umschlaggestaltung: Ingeborg Helzle Grafikdesign
Covermotiv: Roman Fessler

1. Auflage 2023

In der Serie Geburtstagsbücher für Frauen sind erschienen:

In der Serie Geburtstagsbücher für Männer sind erschienen:

Alle Jahrgänge enthalten Download-Material zum jeweiligen Geburtsjahr.
Alle Geburtstagsbücher sind exklusiv auf Amazon erhältlich.

Psychologische Ratgeber

Dr. Beate Guldenschuh-Feßler

Jeden Tag glücklich!

Positive Psychologie für mehr Glück & Lebensfreude

Exklusiv auf Amazon.
Der Link zum Buch:
bit.ly/Jeden-Tag-glücklich

Auf 425 Seiten erhalten Sie 199 Praxistipps und Übungen von der erfahrenen Diplom-Psychologin und Verhaltenstherapeutin zur Erhöhung Ihres persönlichen Glückniveaus.

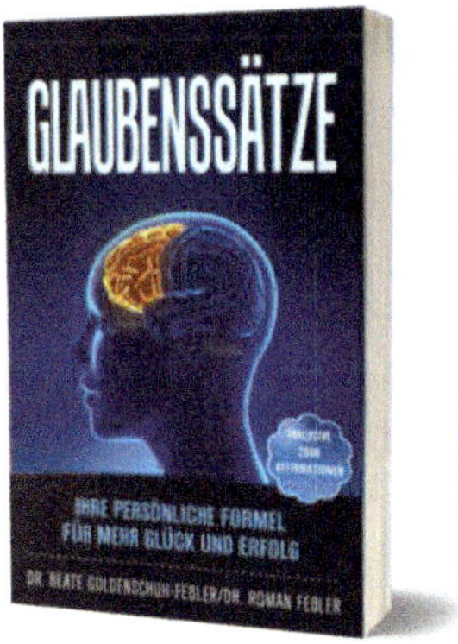

Dr. Beate Guldenschuh-Feßler

Glaubenssätze

Ihre persönliche Formel für mehr Glück und Erfolg. Inklusive 2.000 Affirmationen

Der Link zum Buch:
bit.ly/Buch-Glaubenssätze

Identifizieren Sie Ihre einschränkenden Glaubenssätze und erfahren Sie, wie Sie mit positiven Affirmationen glücklicher und erfolgreicher werden.

Dr. Beate Guldenschuh-Feßler

Das große Tagebuch der Dankbarkeit

Studien beweisen, dass ein Dankbarkeitstagebuch unser Glücksniveau steigern und Geist und Körper positiv beeinflussen kann.

Der Link zum Buch:
bit.ly/dankbares-leben

Neben ausreichend Platz für Ihre Tagebucheintragungen erhalten Sie psychologisches Hintergrundwissen, Tipps und Übungen zum Thema Dankbarkeit.

Dr. Beate Guldenschuh-Feßler

Grimms Märchen für mehr Selbstbewusstsein, Mut & Hilfsbereitschaft

11 Tugenden zur Persönlichkeitsentwicklung psychologisch aufbereitet.

Der Link zum Kinderbuch:
https://bit.ly/grimm-m

Vermitteln Sie anhand von Grimms Märchen Werte, die für Kinder von besonderer Bedeutung sind. Mit Ausmalbildern und Hörbuch für Kinder ab 4 Jahren.

Printed by Amazon Italia Logistica S.r.l.
Torrazza Piemonte (TO), Italy

50800957R00045